AF410897

IL EST TEMS DE PARLER,

ET

IL EST TEMS DE SE TAIRE,

PRÉCÉDÉS

DE LA LETTRE AU PUBLIC,

Sur l'Etabliſſement d'une Ecole Dramatique, protégée par les Comédiens Français.

Par le Chevr. du Coudray

A PARIS,

Chez RUAULT, Libraire, rue de la Harpe.
Au Palais Royal, & au Quai de Gêvres.

M. DCC. LXXIX.

ŒUVRES DE L'AUTEUR.

Le Poëme DU LUXE, *avec Gravures.*

LE ROI ET LE MINISTRE, *Drame.*

L'ÉGOÏSTE, *Comédie.*

THÉATRE DE FAMILLE, *2 Part. in-8°.*

MES OPUSCULES, *en Vers & en Profe.*

CORRESPONDANCE DRAMATIQUE, *ou Mé*moires Hiftoriques & Critiques fur les Spectacles, *2 Part. in-8°.*

BIENFAISANCES ROYALES, *1 Vol. in-12.*

ANECDOTES DE L'EMPEREUR, *2 Part. in-12.*

ANECDOTES SUR LES MOEURS, *1 Vol. in-12, fous preffe.*

LETTRE
AU PUBLIC.

INTRODUCTION.

J'ai crayonné l'Éloge historique de feu M. *de Saintfoix*, cet Écrivain célebre, l'Auteur de l'Oracle & des Graces. J'ai osé faire connoître au Public l'amitié qui m'attachoit à lui depuis *dix-sept* ans, en livrant à l'impression plusieurs de ses bons mots, saillies, traits d'esprit, que j'avois sû puiser dans les conversations de ce grand homme.

J'ai aussi jetté quelques fleurs sur la tombe de MM. *du Belloy* & *Colardeau*, tous deux de l'Académie Françoise : ce dernier, sur-tout, a sû tirer de ma verve une assez longue Élégie en prose, ou si le lecteur épilogue, une espece d'Oraison funebre en forme d'entretien dans les Champs Élisées.

Aujourd'hui conduit toujours par le même zele, c'est-à dire, animé du bien public & de la gloire des Gens de Lettres qui m'ont honoré, & de leur estime & de leur amitié, j'ose entreprendre de crayonner les Éloges historiques de M. *de Crébillon*, Censeur Royal, M. *Gresset*, de l'Académie Françoise, & M. *Parfaict*, Auteur de l'Histoire du Theatre François. J'entre en matiere.

A 2

Claude-Prosper Jolyot de Crébillon, Écuyer, né à Paris le 12 Février 1707, étoit fils, comme on sait de Prosper *Jolyot de Crébillon*, célebre Auteur Tragique. Il a fait plusieurs Ouvrages, entr'autres, les *Égaremens du Cœur & de l'Esprit*, & le *Sopha*, s'il est permis de le citer. Il ne m'appartient pas de juger cet Écrivain, qui étoit connu dans le monde littéraire sous le nom de *Philosophe des Femmes*. Mais je vais rapporter, ou plutôt transcrire, la Note de M. l'Abbé *Aubert*, son voisin & son ami. On connoît les talens de cet estimable Journaliste, impartial dans ses jugemens,

» M. Claude-Prosper *Jolyot de Crébillon*, Censeur Royal, est mort samedi dernier, rue du Chantre-Saint-Honoré à Paris, dans la soixante-dixiéme année de son âge, après avoir rempli le matin, avec une édification touchante, ses derniers devoirs de Chrétien, enterré à Saint-Germain-de l'Auxerrois.

Il s'étoit rendu digne du nom fameux qu'il portoit, sinon par les Tragédies sombres, terribles, & faites pour étonner l'esprit, du moins par des Ouvrages agréables, piquans, & propres à intéresser le cœur.

Si l'on a de justes reproches à lui faire sur la liberté qui regne dans quelques-unes de ses productions, on n'a pû l'accuser d'une autre licence plus flétrissante pour un Homme de Lettres qui cherche à plaire, parce qu'elle prend ordinairement sa source dans une basse jalousie, celle de déchirer ses confreres, & d'attaquer leur personne & leurs écrits. Il pourroit dire comme son illustre Pere :

Aucun fiel n'a jamais empoisonné ma plume.

Il portoit dans la société des mœurs douces & un caractere d'honnêteté & de franchise, qui lui avoient fait des amis distingués. Pour dernier trait à ce foible Ouvrage, que la vérité nous dicte, nous ajoute-

r ons, comme témoin oculaire , & à portée d'en juger journellement , qu'il étoit adoré dans fon do-
meftique. "

C'eft ici le lieu de rappeller des vers,que le Public
connoît fous ce titre : *les deux Crébillons.*

> Le pere avoit porté le trouble dans nos ames :
> Du feu le plus brûlant il vint nous confumer.
> Le fils ouvre fon cœur à de plus douces flammes.
> Lucien des François , Philofophe des femmes ,
> Il les peint , les démafque , & fait s'en faire aimer.

Comme j'appuie toujours mon fentiment , je dirai
que cette Notice de la vie & des Ouvrages de M. *de
Crébillon* , eft tirée des Avis divers , Feuille périodi-
que nouvelle , Numéro 29.

Je n'ajouterai rien au dire de M. l'Abbé *Aubert* ;
d'ailleurs je ne le pourrois , n'ayant point eu l'avantage de connoître particuliérement M. *de Crébillon* ,
qui néanmoins a cenfuré l'Égoïste , Comédie , quatre Actes. Il paroît encore que cet illuftre Défunt
avoit une bibliothéque choifie , puifque dans la ven-
te de fes Livres , indiquée dans plufieurs Papiers pu-
blics , on y diftingue plufieurs bons articles d'Hiftoire , de Géographie & de Belles-Lettres. Il y avoit
en outre , environ huit cens volumes Italiens , éditions anciennes & modernes, *in-fol. in-*4°. *in-*8°. &
*in-*12. Les curieux pourront confulter la Feuille 40
des Avis divers.

Jean-Baptifte-Louis Gresset , Écuyer, l'un des
Quarante de l'Académie Françoife , né à Amiens,
Auteur de plufieurs Ouvrages marqués au coin du
génie , entr'autres de Vert-Vert , de la Char-
treuse , de Sidnei , du Méchant , &c. &c. eft
mort dans fa patrie le 16 Juin. Il étoit du très-petit

nombre de ceux qui , comme il s'eft exprimé lui-
même dans l'Épitre à fa Mufe , montrent

> Que la Vertu , reine de l'Harmonie ,
> A la Décence , aux Graces réunie ,
> Seule a le droit d'enfanter de beaux Vers.

On a déja remarqué que M. *Greffet* a bien peu
furvécu à la faveur que MONSIEUR , Frere du Roi ,
jufte appréciateur du vrai mérite , lui avoit faite , de
l'honorer du titre d'*Hiftoriographe de l'Ordre Royal
& Militaire de Saint-Lazare.* » Sa mort fait vaquer
à l'Académie Françoife une place , qui , fans vouloir
faire injure à perfonne , pourra bien être *occupée* ,
mais non pas *remplie* , fuivant la diftinction fine &
modefte de l'habile Auteur des Synonymes François ,
en fuccédant à l'Abbé de Rothelin. « J'ajouterai que
la mort de M. *Greffet* eft véritablement une perte
pour les Lettres : cet Écrivain célebre étoit aimé ,
confidéré , eftimé des Grands & des petits. Voici la
Note que l'on lit dans l'Affiche d'Amiens , fa patrie ,
où il eft décédé. Je ne veux rien changer aux expref-
fions que l'Auteur de cette Feuille emploie , pour
honorer à fa maniere la mémoire d'un Académicien
auffi juftement regretté.

» Jean-Baptifte-Louis *Greffet* , Écuyer , nommé
» par le Roi Chevalier de fon Ordre , Hiftoriogra-
» phe de l'Ordre Royal & Militaire de Saint Laza-
» re , l'un des Quarante de l'Académie Françoife ,
» & Honoraire de celles de Berlin & d'Amiens ,
» eft mort en cette derniere ville le 16 du préfent
» mois de Juin.

» Célebre par des Ouvrages qui rendront fon nom
» immortel , idole de la fociété & de la bonne com-
» pagnie par les agrémens de fon efprit , les déli-
» ces de l'amitié , par les qualités de fon cœur ,
» M. *Greffet* , auffi aimable , auffi eftimable par
» l'éminence de fes talens , étoit encore plus refpec-

» table par l'excellence de ſes vertus , & ſur-tout
» par celles de la Religion.

» La Patrie & l'Académie ont rendu tous les hon-
» neurs funébres à un Homme qui avoit fait tant
» d'honneur à l'Académie , à la Patrie , & même à
» la Nation. Le Maire de la ville d'Amiens a mené
» ſon deuil, qui étoit ſuivi par tout le Corps Muni-
» cipal : quatre Académiciens ſoutenoient le poële,
» & ſon éloge étoit fait par les larmes de tous les
» citoyens. Un mérite tel que celui de M. *Greſſet* ,
» eſt ſi rare , qu'il faudroit , ſuivant le conſeil de
» Tacite, le rendre commun, s'il étoit poſſible , par
» la gloire qui y ſeroit attachée. »

Ajoutons le dire de M. l'Abbé *Fontenay* , Auteur
de l'Affiche de Province, N°. 27.

» Depuis long-tems la république des Lettres n'a-
» voit fait en France une auſſi grande perte que
» celle de M. *Greſſet*. Ce Poëte ingénieux , cet Au-
» teur charmant de *Vert-Vert* , de *la Chartreuſe* ,
» de *Sidnei* , du *Méchant* , &c. eſt mort le 16 du
» mois de Juin , à Amiens , ſa patrie. On a remar-
» qué que ſa place à l'Académie Françoiſe pourra
» bien être *occupée* , mais non pas *remplie*. Nous
» ne prétendons faire injure à perſonne ; mais, dans
» le vrai , peut-on nommer quelqu'un digne de lui
» ſuccéder ? Quelle affreuſe ſtérilité frappe actuelle-
» ment notre Littérature ! Et ſi elle étend ſes rava-
» ges , comme tout doit nous le faire craindre,
» quels noms verrons-nous à la place de ceux qui ,
» juſqu'à préſent, ont fait la gloire de la Nation ? »

Claude PARFAICT , Écuyer, né à Paris environ l'an
1701 , de parens nobles , & dont la famille étoit ori-
ginaire de Normandie. Son pere Thimoleon *Parfaict,*
avoit été Mouſquetaire du Roi en ſa premiere Com-

pagnie, sous le commandement de M. le Comte *de Montpertuis*, son parent. En 1669 il avoit fait les Campagnes de Luxembourg.

Claude *Parfaict*, en société avec son frere François *Parfaict*, mort en 1753, enterré en l'Église Royale & Paroissiale de Saint Paul, où les Messieurs *Parfaicts* ont toujours eu leur sépulture, ayant encore le droit de nommer un Chapelain à une des Chapelles basses de cette Église de notre Capitale, aux gages de 2400 livres, a composé les Ouvrages suivans, tous dans le genre dramatique.

" 1°. L'Histoire du Théâtre Français depuis son » origine jusqu'à présent, avec la Vie des plus céle- » bres Poëtes dramatiques ; un catalogue exact de » leurs Piéces, & des Notes historiques & criti- » ques. » Cet Ouvrage, dont le mérite & l'utilité sont reconnus, est en *quinze* volumes gros *in-douze*. Il y en a eu plusieurs éditions en Hollande. Voici comme M. *Parfaict* s'exprime dans sa Préface. " Il » est de certains tableaux qui, considérés dans l'é- » loignement, présentent aux yeux des plaines char- » mantes, des côteaux rians, des montagnes super- » bement élevées, des rivieres larges, profondes, » & remplies d'une eau argentine, enfin tous les » agrémens d'une belle campagne. Approche-t-on » de cette perspective, tout disparoît, & des traits » couchés grossiérement sur une muraille, prennent » la place des objets enchanteurs, que l'œil trompé » par l'Art du Peintre, regardoit avec admiration.

» Voilà, ajoute-t-il, la juste comparaison de ce » qui arrive à ceux qui forment le dessein de don- » ner une *Histoire du Théâtre Français*. » En effet, tout semble nous promettre une carriere aisée & brillante (je puis en parler par expérience ; ma correspondance dramatique, ou mes Mémoires en forme de Lettres sur les Spectacles, en font foi, je pense.) Piéces originales, Auteurs célebres, faits intéressans, Anecdotes singulieres, Comédiens &

Comédiennes illuſtres ; mais les flatteuſes idées s'é-
vanouiſſent lorſque l'on compoſe. Il en réſulte , en
un mot, que l'hiſtorique du Théâtre n'eſt pas moins
ſec que celui des Auteurs dramatiques.

Il n'y a point de doute que ce ſont ces difficultés
rebutantes qui ont été la cauſe pour laquelle, avant
MM. *Parfaict* , perſonne n'a voulu entreprendre
ce pénible Ouvrage ; & la raiſon qui y a pouſſé notre illuſtre Défunt , a été, *dit-il lui-même* , que plus
on retarderoit à donner l'*Hiſtoire du Théâtre Français* , & plus les matériaux qui peuvent y ſervir deviendroient rares. En effet , il s'en perd tous les
jours , malgré les recherches des curieux & les col-
lections des amateurs du Théâtre, & c'eſt pour ainſi
dire autant de parties enlevées au tout.

Il eſt inutile de faire ici l'analyſe de cet Ouvrage
intéreſſant , & qui eſt entre les mains & de tous les
gens de Lettres , & de tous les gens du monde. Il
ſuffira , je penſe , de tranſcrire l'Approbation du
Cenſeur , M. l'Abbé *Souchay* , Profeſſeur au Collége Royal , & de l'Académie des Belles-Lettres &
Inſcriptions.

« J'ai lû par ordre de Monſeigneur le Garde des
» Sceaux , un Manuſcrit qui a pour titre : *Hiſtoire
» du Théâtre François* , &c. Les Auteurs ont choiſi
» dans l'exécution de leur deſſein , la *voie pénible* de
» l'analyſe ; & j'ai penſé que montrant par des *ex-
» traits ſuivis & raiſonnés* , l'origine & les progrès
» de notre THÉATRE , c'étoit peut-être le meilleur
» moyen d'en prévenir la décadence. »

J'ajouterai que l'Ouvrage remplit exactement ſon
titre , & que ſouvent même les Notes peuvent ſup-
pléer au Texte.

On trouve encore dans chacun de ces *Extraits* ,
non-ſeulement l'économie & les morceaux les plus
curieux des Piéces dont ils rendent compte , mais
encore les caractéres des Perſonnages , les jeux de
Théâtre , & les changemens de Décorations ; « dé-

» tails , (*difent MM. Parfaiçt*) . fans lefquels l'*Hif-*
» *toire du Théâtre Francais* demeureroit dans l'obf-
» curité où elle eft reftée jufqu'à préfent. » Au def-
fein d'éclaircir l'Hiftoire du Théâtre s'eft joint celui
de rendre ces *Extraits* utiles pour les perfonnes qui
s'attachent au genre dramatique. " Sans effuyer l'en-
» nui & l'embarras des recherches , *ajoutent-ils ,*
» elles trouveront dans notre Ouvrage des exemples
» auffi inftructifs qu'amufans , » ce qui eft très-rare,
foit dit à la gloire du Défunt , & fans flatterie.

Voici à-peu près la fubftance des deux *Préfaces*
du premier & fecond volume. Je dois ajouter que
la Préface qui fe trouve à la tête du troifiéme volume , eft une idée générale , concife , mais bien faite,
des Poëtes dramatiques du feiziéme fiécle , & de
leurs productions. J'invite mon Lecteur à la lire
dans l'Ouvrage même , ainfi que la favante Differta-
tion fur la Comédie & la Déclamation en France,
depuis le Poëte. HARDI jufqu'à *Pierre* CORNEILLE ;
elle eft faite de main de maître , & fe trouve inférée,
dans la Préface du quatriéme volume. Il eft à remarquer que M. *Parfaiçt* a commencé à parler dans
le quatriéme volume des Acteurs & Actrices célebres
de ce tems , qui parurent fur le Théâtre de l'Hôtel
de Bourgogne , & fur celui du Marais.

La Préface du cinquiéme volume n'eft point à dé-
daigner , elle renferme une analyfe fupérieurement
frappée des Poëmes tragiques de *Mairet , Rotrou ,*
Scudery , Bois-Robert , Duryer , de *Thomas* &
Pierre CORNEILLE. Je ne puis me refufer à l'envie
que j'ai d'en extraire un morceau. " Qu'on ne foit
» pas étonné du peu de progrès que le dramatique
» faifoit alors (1638) , malgré le goût du Public
» pour ce genre d'ouvrage , & le nombre des Poëtes
» qui s'y appliquoient. Ces Poëtes n'avoient que de
» l'efprit , & l'efprit n'eft que la plus petite partie
» néceffaire pour la compofition d'un Poëme dra-
» matique ; il ne fert , tout au plus , qu'à corriger

» ou embellir de certains détails , à peindre avec
» élégance des portraits , des vices ou des vertus,
» &c. Mais enfanter un plan tel que celui de *Rodo-*
» *gune* , le conduire avec cet art, cette force de gé-
» nie , & cette mâle verfification que l'on trouve
» raffemblés dans cette Tragédie , c'eft le talent , &
» le talent le plus fupérieur , qui dirige un tel Ou-
» vrage. Pag. ix. »

On peut juger par cet échantillon de la Piéce entiere.

Dans les Préfaces des feptiéme & huitiéme volumes , M. *Parfaict* raifonne l'Art dramatique , & fait
voir les propos que les jeunes Auteurs y faifoient,
par l'influence feule du GRAND *Corneille*. Que ne
peut aufli l'efprit humain fecondé par l'exemple, &
animé par le defir de fe perfectionner.

" Tout change de face fur le Théâtre Français ,
» *dit il*. Plufieurs de ceux qui n'avoient pû fuivre
» *Corneille* que de loin , à force de tentatives & de
» réflexions , fe rapprochent de ce *grand Homme*.
» Le goût du public devenu plus épuré , les obligea
» de confulter , plus qu'ils n'avoient fait , ce que la
» raifon exige , foit dans le choix de leurs fujets,
» foit dans la peinture de leurs Perfonnages. » Effec-
tivement , toutes les Tragédies d'alors , (1649) quoiqu'avec encore de grands défauts , avoient certaines
beautés. On y vit les bienféances théâtrales , le *fentiment* , prendre la place du *galimathias* , & l'hé-
roïfme fuccéder au *gigantefque*.

Le genre Comique prit aufli une nouvelle forme.
" Si le public , *ajoute-t-il* , crût encore pouvoir fe
» prêter aux Piéces remplies d'événemens , il fallût
» pour plaire les lui préfenter d'une façon raifonna-
» ble , c'eft-à-dire, qu'elles fuffent comiques par le
» fond & par la maniere de les traiter. » Thomas
Corneille & *Quinault* furent les deux meilleurs Poëtes comiques; mais leurs Piéces ne préfentoient point
encore la *bonne* Comédie ; elles perdoient toutes par

les caractères, & sur-tout par les mœurs (1). Il falloit un génie du premier ordre pour peindre les travers du siécle & les ridicules des hommes, avec cette finesse & cette vérité qui touche en même tems le cœur & l'esprit. " MOLIERE parut, *dit M. Parfaict*, & la Comédie devint l'ÉCOLE du Monde. " Je ne dois point oublier de dire, que ce fut lors de la publication de ces deux tomes VII & VIII, que les Comédiens Français communiquerent les regiftres annuels des Repréfentations de la Comédie, que M. *Parfaict* a copié, & qu'il m'a donné quelque tems avant sa mort. Ce précieux Manuscrit que je possede seul, & que j'ai fait voir à mon Censeur (*M. d'Hermilly*), & à plusieurs Gens de Lettres illustres sur la Scène dramatique, commence en 1718 & finit en 1753. J'en donne des copies fideles de tems en tems dans ma Correspondance dramatique, ou Mémoires historiques & critiques sur les Spectacles, en forme de Lettres, 1 vol. *in* 8°.; ce sont des matériaux pour écrire l'Histoire de ce Théâtre, & des autres de notre Capitale. Je reviens à l'objet de ma Lettre.

M. *Parfaict* a tracé dans sa Préface du neuviéme volume, un tableau de la Scène tragique & comique. Il y offre aux yeux de ses Lecteurs les *inimitables* Comédies de MOLIERE, les *brillans* commencemens de RACINE, & les *reftes précieux* de la Muse de *Pierre* CORNEILLE. (Il faut observer que ce sont ses termes.)

Dans sa Préface du dixiéme volume, M. *Parfaict* s'exprime ainsi sur *Moliere* & sur *Racine*. " Le mé-
" rite éminent des Ouvrages de ces deux grands Gé-
" nies, eut à combattre d'abord les préjugés du pu-
" blic. Le *Mifanthrope* de Moliere, qui fera tou-
" jours l'admiration des personnes de goût, ne fut

(1) Voyez mon Essai sur la *Comédie*.

» approuvé que des vrais connoiſſeurs. Le plus grand
» nombre des Spectateurs ne ſentit point la force du
» ſujet, ni l'art du Poëte dans la peinture du carac-
» tere ſingulier, qui donne le titre à la Piéce. La
» fineſſe de l'intrigue, le contraſte des Perſonnages
» qui y ſont introduits, la beauté de la verſification,
» ne frapperent point le public, & ce chef-d'œuvre
» ne fut reconnu pour tel, qu'à la faveur de la
» farce du *Médecin malgré lui*. L'*Avare* eſſuya un
» pareil événement, par la ſeule raiſon que cette
» Piéce étoit écrite en proſe. Le *Tartuffe* ne parut
» en 1669, qu'avec une permiſſion expreſſe de
» Louis XIV. »

RACINE eut moins d'ennemis, mais il eut autant
de mauvais juges de ſes Ouvrages. *Andromaque* fut,
à la vérité, applaudie; mais on arma contre elle les
critiques les plus ameres. La Comédie des *Plaideurs*
tomba, & ſans le bon goût de Louis XIV, la cabale
auroit peut-être enſeveli pour long tems une de nos
plus jolies Piéces de Théâtre. La Tragédie de *Britan-*
nicus qui fait tant d'honneur à *Racine*, ne paſſa
d'abord que pour une foible production, & on en
fit une critique très-partiale.

Dans la Préface du onziéme volume, M. *Parfaict*
montre le dégré de perfection où le Théâtre Français étoit enfin parvenu, ſoit dans le genre tragique,
ſoit dans le comique, puis il prononce. " Le genre
» comique & moral, dont *Moliere* étoit l'inventeur,
» & qu'il avoit porté à ſa plus grande perfection,
» fut peu ſuivi par les Auteurs qui travaillerent pour
» la Scène comique après la mort de ce grand Hom-
» me. *Plus bas il ajoute.* Les Comédies qui ſuivi-
» rent immédiatement celles de *Moliere*, étoient pu-
» rement comiques. Telles furent les Comédies de
» *Montfleury*, de *Thomas Corneille*, de *Hauteroche*,
» &c. On trouve dans ces Piéces des intrigues paſſa-
» bles, & des ſcènes comiquement renduès; mais

» nuls portraits convenables à la correction des
» mœurs, & aucuns caracteres: en un mot, rien de
» ce qui caractérise la *bonne* Comédie, l'utile mêlé
» à l'agréable.

» Dans la suite, ce genre de Comédie prit encore
» une nouvelle face. Le fond des Piéces n'étoit en
» aucune sorte intéressant, mais la sinesse du dialo-
» gue y suppléoit. Enchâssée avec art, une scène
» succédoit à l'autre, & ces scènes offroient toujours
» dequoi plaire, ou du moins dequoi amuser. »

Voici une réflexion judicieuse non moins que pro-
fonde, qui se trouve dans la Préface du treiziéme
volume. « L'Histoire du Théâtre Français est, en
» quelque sorte, l'histoire générale de l'*esprit* & des
» *mœurs* des hommes. Le Théâtre est un tableau qui
» représente d'une maniere un peu chargée, les ver-
» tus & les vices, les modes & les goûts du siécle. »

La Préface du quinziéme volume n'offre aucunes
dissertations ni réflexions sur l'Art dramatique. M.
Parfaict annonce seulement que le seiziéme volume
va bientôt paroître, après lequel on mettra tout de
suite sous presse le dix-sept & le dix-huitiéme, qui
termineront entiérement l'*Histoire du Théâtre Français*; mais ils n'ont jamais paru, & le quinziéme est
le dernier volume de cet Ouvrage, qui finit en 1721.
C'est-là où j'ai commencé les *Annales du Théâtre
Français*, pour y servir de continuation; heureux
de pouvoir imiter un si bon modele.

2°. « Dictionnaire des Théâtres de Paris, conte-
nant toutes les Piéces qui ont été représentées jusqu'à présent sur les différens *Théâtres François*, &
sur celui de l'*Académie Royale de Musique*, les extraits de celles qui ont été jouées par les *Comédiens
Italiens* depuis leur rétablissement en 1716, ainsi que
des *Opéra-Comiques*, & principaux Spectacles des
Foires *Saint-Germain* & *Saint-Laurent*. Des faits,
anecdotes sur les Auteurs qui ont travaillé pour les

Théâtres , & fur les principaux Acteurs, Actrices, Danfeurs , Danfeufes, Compofiteurs de Ballets, Deffinateurs, Peintres de ces Spectacles, &c. "

Tel eft l'intitulé de cet Ouvrage , qui contient fix volumes *in*-8°. & un de Supplément. Je vais rapporter ce que l'Éditeur difoit au commencement de fa Préface. " L'Ouvrage que nous préfentons au-
» jourd'hui au Public (1757) , auroit dû paroître il
» y a déja du tems. MM. *Parfaict* , qui fe font ac-
» quis une réputation bien méritée par différentes
» productions dont ils ont enrichi la République des
» Lettres , l'avoient annoncé dès l'année 1750. Ceux
» qui connoiffent leur exactitude & leurs talens ,
» s'attendoient à jouir bientôt du fruit de leurs re-
» cherches ; mais leur travail a été malheureufement
» interrompu par la mort de *François Parfaict* , l'un
» d'eux , arrivée le 25 Octobre 1753 , à la fuite d'une
» longue maladie. Celui qui a été chargé de conti-
» nuer cet Ouvrage , (M. *d'Abguebre*) s'eft trouvé
» dans l'obligation d'employer un tems confidérable,
» tant pour revoir ce qui étoit déja fait , que pour
» travailler à une fuite qui pût mériter les fuffrages
» du Public. »

Quittons pour un moment fes travaux littéraires , & confidérons fes talens dans la vie civile. Ses mœurs ont toujours été pures , fes amours chaftes ; il a manqué de fe marier à une Demoifelle DE LA FORCE. On ne lui a point connu de maîtreffe , quoique plu-fieurs femmes ayent eu de l'inclination pour lui. Il n'a jamais mal parlé de perfonne ; fon caractere étoit liant & doux. Pareffeux , même négligent quelque-fois ; inepte aux affaires , mais très-capable de les bien conduire ; donnant de bons confeils , & ne s'en fervant jamais. Homme défintéreffé , ami chaud , rempli de politeffe , noble dans fes procédés , &c. Peut-être que l'amitié m'emporte trop loin, mais c'eft la vérité qui m'arrache ce foible éloge des vertus phy-fiques & morales de M. *Parfaict.*

Cet Écrivain étoit depuis long-tems retiré du monde ; il fortoit rarement , & l'on ofa même me dire au Foyer de la Comédie Françaife , qu'il étoit mort depuis nombre d'années. Je perfuadai les perfonnes du contraire , en montrant de fes lettres à moi adreffées depuis peu. Je leur ajoutai que M. *Parfaict* travailloit à un Dictionnaire univerfel des Théâtres , fous le nom de la DRAMATHURGIE GÉNÉRALE , dont il fe flattoit de donner au Public le Profpectus inceffamment. Mais l'*Homme propofe & Dieu difpofe* : M. *Parfaict* attaqué d'une maladie mortelle , qui avoit commencé par une rétention d'urine & une inflammation au bas-ventre , croyoit pouvoir s'en retirer avantageufement , perfuadé qu'il vivroit autant que fon pere , mort âgé de 97 ans.

Il tomba malade le 20 Décembre 1776 , & s'en retira ; mais le 12 Février de cette année 1777 il refta valétudinaire jufqu'au Jeudi 26 Juin qu'il expira tranquillement. Il ne fouffrit jamais beaucoup durant le tems de cette maladie , & il conferva fa tête jufqu'à la fin : il avoit une mémoire étonnante.

Il reçut les Sacremens de l'Églife après s'être confeffé , & mourut fans efforts & fans peine le 26 Juin à trois heures & demie. Il avoit demandé à M. le Chevalier *de Blot* , ancien Moufquetaire , fon ami de vingt-cinq ans , d'être gardé deux fois vingt-quatre heures. On a exécuté ponctuellement fes dernieres volontés. Comme il devoit être tranfporté dans l'Églife Royale & Paroiffiale de Saint Paul , voici un brouillon du Difcours fait par le Chapelain-Prêtre de la Chapelle où la famille *Parfaict* a droit de fépulture.

" *Claude* PARFAICT , Écuyer , vient originaire-
" ment de Jean *Parfait* & Denife *Meûnier*. Il avoit
" été Échevin de la ville de Paris en 1200 & tant , &c.
" Sa piété a toujours été connue. Il a fait plufieurs
" fondations en différens tems. Il a fondé en l'Églife
" Royale & Paroiffiale de Saint Paul , une Chapelle
" fous

» le titre de Notre-Dame de Pitié ; & il a fait con-
» noître fon amour & fon dévouement pour la dé-
» coration de cette Eglife , par le nombre des bien-
» faits qu'il a fait dans la Paroiſſe tant qu'il a vécu.
» C'eſt en fuite de ce même amour pour la gloire de
» Dieu , qu'il y a fondé pluſieurs Annuels à perpé-
» tuité ; & fon zele pour les Pauvres lui a fait auſſi
» fonder leur fubſiftance en fanté & pourvoir à leurs
» maladies. L'arbre de la vraie Croix qui eſt dans
» Saint Paul actuellement , n'y eſt parvenu que par
» les peines qu'ils ont pris , & leurs foins pour y
» réuſſir. Toujours inviolablement attachés à la
» Croix du Sauveur , ils l'ont décorée & confacrée
» à cette Eglife avec tous les titres les plus authen-
» tiques. Il eut douze enfans des deux fexes qui ont
» tous marchés fur fes traces , & qui ont fait diffé-
» rentes fondations à leur mort. Leurs belles actions
» les ont fait diftinguer en tous tems dans tous les
» poſtes qu'ils ont occupé , foit au fervice du Roi ,
» de fa Maiſon & de fes Finances ; ce qui leur valut
» fous Henri IV, outre les autres faveurs de la Cour,
» la gloire de pouvoir orner leurs Armes d'une fleur
» de lys. Ils ont fondé un Service annuel pour ce Roi
» en 1590.

» Ils ont fondé à Saint Paul un autre Service an-
» nuel , auquel affiftent pluſieurs Pauvres : on leur
» diftribue après des étoffes pour leur vêtement.

» La même famille a auſſi fondé dans l'Eglife du
» Saint-Efprit , un pareil Service annuel , où affiftent
» cent Pauvres , à qui on diftribue après des étoffes
» pour les habiller (1). »

Je crois faire plaiſir au Public en joignant ici la
Lettre que M. *Parfaict* m'a écrite quelque tems avant
fa mort. Elle fera connoître d'autant mieux cet il-

---

(1) Jean *Parfaict* avoit rempli toutes les Charges de cette
Eglife de Saint Paul avec un zele fi éclairé & fi remarquable ,
qu'il a rendu fa mémoire honorable & immortelle , &c.

luftre Défunt, qu'un Auteur fe peint ordinairement dans fes Ouvrages.

" Je cede à vos inftances, Monfieur, puifque
» votre nouvel Ouvrage (1) comprend tout ce qui re-
» garde le genre Dramatique ; mais je ne puis vous
» donner un Profpectus en forme, attendu que par
» mon plan je fuis obligé de donner un Difcours
» préliminaire, qui comprendra néceffairement le
» Profpectus en queftion, & qui mettroit dans le
» cas d'être accufé d'être le plagiaire de moi-même.
» C'eft le défaut que je veux éviter, par les raifons
» que l'on verra en lifant le titre de l'Ouvrage, à
» la fin de la Lettre fuivante que je vous envoye.
» C'eft celle que j'ai eu l'honneur d'écrire à M. *de*
» *Voltaire*, avec fa Réponfe obligeante. A l'infpec-
» tion des dates, les Lecteurs pourront penfer natu-
» rellement que l'Ouvrage a été négligé ; mais je les
» prie de croire que les obftacles infurmontables qui
» m'ont empêché jufqu'à préfent, font ceffés, que
» je ne l'ai point perdu de vue, & qu'on peut efpé-
» rer d'en voir paroître le premier volume dans les
» premiers mois de l'année prochaine. Permettez-
» moi d'ajouter, s'il vous plaît, que, malgré les re-
» cherches les plus exactes, je n'ofe pas me flatter
» d'avoir donné le Catalogue complet des Poëmes.
» Eh! qui pourroit le faire ? M. le Duc de la Val-
» liere qui, dans fon immenfe Bibliotheque, poffede
» la partie Dramatique la plus ample qui foit en Eu-
» rope, & dont il m'a fait l'honneur de me permet-
» tre la communication, ne pourroit pas avoir cet
» avantage. Il faut, à cet égard, fe contenter du
» nombre le plus ample ; & conféquemment j'ofe-
» rois prier les Curieux & les Amateurs de me fa-
» vorifer de tous les Ouvrages dramatiques de quel-
» que genre que ce foit, repréfentés ou non, & de

---

(1) La Correfpondance dramatique, *ou* Mémoires Hiftoriques & Critiques fur les Spectacles, 1 vol. *in-8o.*

» m'en envoyer l'extrait le plus court qu'il fera pof-
» fible , leur promettant fidelement de les placer
» dans l'Ouvrage à leur rang , & d'y ajouter leurs
» noms à ceux qui voudront bien me le permettre.
» Les perfonnes qui voudront bien fe rendre à mon
» invitation , font priées de vouloir bien envoyer
» leurs Mémoires, francs de port , *chez le fieur LA-*
» *COMBE , Libraire à Paris , rue de Tournon , au*
» *coin de celle de Vaugirard.*

» Je finis, Monfieur, affurant le Public que cet
» Ouvrage comprenant la Dramatique générale de
» toutes les Nations , fait pour être utile à chacune
» d'elle en particulier , fera accompagné de celle de
» chaque Langue , qui mettront facilement les Étran-
» gers les moins avancés dans la Françoife , en état
» de s'en fervir avec utilité. »

Voici le titre de mon Ouvrage.

P. S. La DRAMATHURGIE GÉNÉRALE , *ou* le
DICTIONNAIRE DRAMATIQUE UNIVERSEL , conte-
nant le Catalogue alphabéthique raifonné de toutes
les Piéces anciennes & modernes , Grecques , Latines , Italiennes , Françoifes , Efpagnoles , Angloifes,
Allemandes , Hollandoifes , Danoifes , &c. &c. &c.
qui ont été compofées dans ce genre ; l'abrégé de la
vie des Auteurs , &c. des Actrices & Acteurs les plus
célebres.

J'ai l'honneur d'être , Monfieur ,

Signé, PARFAICT.

Copie de la Lettre à M. DE VOLTAIRE.

Monfieur ,

« Ne pouvant me flatter d'être affez connu de vous,
& defirant avec toute l'ardeur imaginable favoir votre
fentiment fur un Ouvrage que je fuis prêt de donner à
l'impreffion , je m'adreffe au Protecteur qui poffede le

plus intimement votre amitié & votre eſtime, & qui,
par bienveillance, en vous faiſant remettre ma Lettre,
veut y joindre ſa recommandation. (*M. d'Argental.*)

La Littérature entiere doit hommage à votre mérite, & je ſuis d'autant plus obligé à ce devoir, que le
genre Dramatique, qui eſt mon unique objet, eſt pré-
ciſément celui à qui vous avez conſacré vos premiers
travaux, celui que vous avez ſans ceſſe favoriſé & enrichi par vos immortelles Tragédies, qui l'ont porté à
l'époque de ſa véritable ſplendeur, puiſqu'il eſt conſ-
tant que ce n'eſt qu'à leurs repréſentations, & pour
remplir vos ſouhaits, que la Scène Françaiſe rougiſ-
ſant d'avoir été ſi long-tems négligée dans ſa parure,
s'eſt montrée pour la premiere fois ſous ſa forme con-
venable, & avec ſes ornemens caractériſtiques. Il n'eſt
pas moins vrai encore, que c'eſt à vos Ouvrages que
l'on doit cette multiplicité de Théâtres élevés dans tous
les endroits du Nord, où la Poëſie Dramatique étoit
inconnue, & juſques dans les climats les plus voiſins
du Pole. J'ajouterai auſſi, & je puis atteſter cette vérité comme l'un des premiers témoins, que ce ſont ces
mêmes Ouvrages, & votre réputation, qui ont fait
éclore tant d'écrits ſur le Théâtre Français. Celui que
je préſente aujourd'hui fondé ſur les mêmes titres, &
comprenant l'univerſalité du genre Dramatique, ſem-
ble autoriſer ma demande, &, j'oſe dire même, à
vous y intéreſſer.

Je raſſemble, Monſieur, toutes ces conſidérations,
& ſur-tout votre amour pour l'avantage des Lettres,
afin d'obtenir de votre complaiſance le ſacrifice de
quelques-uns de ces momens que vous deſtinez à votre
délaſſement. Heureux ſi je peux les occuper à votre ſatisfaction. Dans cette flatteuſe confiance, ſouffrez, s'il
vous plaît, que je vous informe de quelle maniere j'ai
conçu mon projet, des motifs qui me l'ont fait accroî-
tre, & enfin par quel enchaînement, qui m'a paru juſte
& naturel, je me ſuis trouvé engagé à embraſſer l'entiere Encyclopédie Dramatique, & à ſuivre mon objet
donec totum impleat orbem.

Il y a plus de trente-cinq ans, qu'occupé de l'étude de
la Mythologie, principalement de la partie Historique
des tems fabuleux , & voulant étendre mes recherches
aussi loin qu'il est possible, je consultai la Bibliothéque
Grecque de Fabricius. Vous savez , Monsieur , que ce
Savant Allemand a joint aux Chapitres des quatre Dramatiques dont il nous est resté quelques Poëmes, le catalogue de ceux qui sont perdus, & les noms d'environ
300 Poëtes Tragiques & Comiques , avec les listes de
leurs Piéces, qui n'existent plus aujourd'hui. Cette dé-
couverte me fit naître l'idée de donner la vie de ces Auteurs , & de remplir tous ces titres (au nombre de près
de 2000) , & de composer des Argumens pour faire
connoître quel en étoit le sujet. Je voulois faire un Supplément au Théâtre des Grecs, dont le P. Brumoy ve-
noit de donner une Traduction.

Ce projet fut suspendu, lorsque j'entrepris avec feu
mon frere, l'Histoire du Théâtre Français, (en 15 vol.
in-12.) & ensuite le Dictionnaire des Théâtres (en 7
vol.) Indépendamment des raisons particulieres qui
m'engagerent dans ce nouveau travail, je vous avoue
que je m'y suis livré d'autant plus volontiers, que je
voyois que bien loin de me faire perdre de vûe mon
premier plan, il m'y ramenoit, & m'offroit le moyen
de le rendre encore plus curieux, par la comparaison
que je me proposai de faire des Théâtres d'Athènes &
de Paris, pour venir à la conclusion de cette vérité (que
vos Ouvrages ont achevé de démontrer) que ces deux
Théâtres sont les seuls qui ont produit les Poëmes les
plus réguliers & les plus beaux, qui doivent servir de
modele & d'exemple à tous les autres.

Je comptois borner là mon projet ; mais par une cir-
constance favorable, je me suis vû invité à franchir ces
limites pour entreprendre universellement le genre
Dramatique. Entre les Curieux & les Amateurs qui ont
bien voulu communiquer leurs tréfors littéraires pour
la composition des deux Ouvrages que je viens de nommer, la reconnoissance me fera toujours distinguer M.
le Comte de Pont de Vesle. Son cabinet, comme vous

ne l’ignorez pas, Monsieur, l’un des plus amples & des mieux choisis qui soient à Paris, en Piéces de Théâtre, est encore enrichi d’une suite de 5 à 600 Piéces manuscrites, qui ne verront jamais le jour, & dont les extraits forment, par cette raison, la partie la plus curieuse de ce même Dictionnaire des Théâtres dont je vous ai parlé. A cette rare collection il a joint encore celle de 800 Piéces Espagnoles des Auteurs les plus célebres, & entr’autres, plusieurs si rares par leur antiquité, qu’elles sont presqu’inconnues aux Savans & aux Curieux de cette Nation.

Ce Recueil de Poëmes Espagnols me paroissant assez considérable pour me faire espérer de parvenir à le completter, dès ce moment je méditai le dessein & l’entreprise de mon Dictionnaire universel. Il est vrai qu’il me manquoit encore les Théâtres Italien & Anglais. Mais j’étois assuré du premier, qui est le plus considérable, par la facilité que j’ai eu de la communication de la Bibliothéque la plus riche en cette Langue, qu’on connoisse en France. Je parle de celle de M. de Floncel, connu ici & chez les Étrangers par son goût, son affection pour les Lettres, & par son inclination à obliger les Littérateurs.

C’est, Monsieur, avec ces secours, & par mes recherches & mes soins, que j’ai trouvé le moyen de rassembler 2000 Piéces Grecques, tant existantes que non; environ 6 à 700 Latines de l’ancien Théâtre de Rome, un peu plus de Latines modernes, parmi lesquelles je ramasse les Piéces de Collége autant que je le puis. Ajoutez à cela 8000 Drames Italiens, autant de François, & à-peu-près 6000 Espagnols & Portugais, 2000 Anglais; & je compte qu’en comprenant les Poëtes, les Musiciens, les Acteurs, &c. mon Ouvrage contiendra 33 à 34000 articles.

Je ne connois jusqu’à présent aucun Ouvrage qui comprenne universellement, comme le mien, le genre Dramatique sans exception; & s’il est également vrai, ainsi que je le pense, qu’on ne peut avoir une parfaite connoissance d’aucun Théâtre particulier, que par un

Tableau général qui, les préfentant tous, fait voir l'a-
nalogie des uns avec les autres, dans le cas où vous ap-
prouverez ce fentiment, je croirai, Monfieur, avoir
compofé un Ouvrage neuf, néceffaire à la Littérature,
utile aux Amateurs, aux Gens de Lettres, aux Auteurs
mêmes, & à l'ufage de toutes les Nations de l'Europe.

Je prends la liberté, Monfieur, de vous envoyer
quelques articles de mon Dictionnaire. La crainte que
j'ai d'abufer de votre bonté, ne m'en a fait choifir qu'un
petit nombre ; mais je crois que ce petit nombre pris
dans chaque genre, peut fuffire pour vous mettre au
fait du goût de l'Ouvrage. Si cet échantillon pouvoit
exciter votre curiofité, j'y fatisferois avec tout le plai-
fir & la diligence poffible.

Dans une Préface, après avoir rappellé l'origine, le
fondement & le but du Poëme Dramatique, fes regles
effentielles & néceffaires pour le conduire à fa perfection, je rapporte les raifons qui m'ont déterminé à pré-
férer l'ordre alphabéthique dans la compofition de
mon Ouvrage, comme le plus commode & le plus
avantageux pour le Lecteur. Cette Préface fera fuivie
d'un Difcours préliminaire fur les divers Théâtres,
leur origine, progrès & décadence. J'examine fom-
mairement les caufes de l'anéantiffement de celui d'A-
thènes, & de l'extinction des Jeux Scéniques de l'ancienne Rome ; & enfin comment, après une fuite de
fiécles d'oubli, les Théâtres fe font relevés à Rome,
Venife, Paris, Madrid, Londres, &c. Je n'oublie pas
de remarquer les différentes efpeces de Poëmes Dramatiques que chaque Nation a inventé & ajouté aux anciens pour fon divertiffement, relativement à fon génie, à fes mœurs & à fon goût particulier. Ce Difcours
fera fuccinct ; mais il eft la bafe de l'édifice, il fert d'é-
clairciffement, & il eft par conféquent néceffaire pour
donner aux Lecteurs une idée générale, & caractéri-
fer les différens Théâtres.

Je conferve, Monfieur, précieufement un petit Mémoire qui m'a été remis, il y a plufieurs années, de votre
part, & qui compofe l'artticle qui vous regarde dans

mon Dictionnaire des Théâtres, où je l'ai fait imprimer mot pour mot. Ce fera avec la même exactitude que je ferai ufage des confeils que vous voudrez bien me donner dans la préfente circonftance ; & j'ofe vous le promettre avec d'autant plus de certitude , que je peux vous affurer que le titre de l'Ouvrage, le projet, le plan & l'exécution , m'appartiennent entiérement ; que je n'ai conféré à ce fujet avec qui que ce foit, ni demandé aucune fociété ni avis, ainfi je fuis en pleine liberté de fuivre les vôtres. Je vous prie très-inftamment d'en être perfuadé, & que je fuis dans la même vérité, avec la plus haute eftime, la plus parfaite confidération, & la plus vive & fincere reconnoiffance, Monfieur,

Votre, &c.

A Paris le 16 Juillet 1773.

Réponfe de M. DE VOLTAIRE.

31 Juillet 1773, à Ferney.

On ne peut être, Monfieur, plus fenfible que je le fuis, au mérite de votre Ouvrage, à celui d'un travail fi long & fi pénible, & à la bonté que vous avez eue de m'en faire part. Je vois que vous avez déterré trente mille Piéces de Théâtre , fans compter celles qui paraîtront & difparaîtront avant que votre Ouvrage foit achevé d'imprimer. Votre Livre fera également utile aux Amateurs des anciens & des modernes. On dira peut-être que parmi quarante mille Ouvrages Dramatiques , il n'y en a pas cent de véritablement bons. Mais il faut que le bon foit rare. Peut-être dans quarante mille Tableaux n'y a-t-il pas plus de cent chefs d'œuvre.

Quoi qu'il en foit, vous rendez fervice aux Lettres, & je vous en remercie de tout mon cœur en mon particulier.

J'ai l'honneur d'être avec tous les fentimens que je vous dois, Monfieur, Votre très humble & trèsobéiffant ferviteur, VOLTAIRE.

M. *Parfaict* ayant rendu fon ame à Dieu , je me tranfportai à Saint Roch fa Paroiffe , pour y commander fon convoi & enterrement , & prévenir M. le Curé de cette fâcheufe nouvelle. (Ce Pafteur l'étoit venu voir plufieurs fois dans le courant de fa maladie.) Le lendemain matin je fus trouvèr Mademoifelle *Parfaict* , fa niéce , femme de M. LE MAIRE , ancien premier Commis des Monnoies : j'engageai cette Dame à mettre les fcellés fur les effets & papiers de feu Monfieur fon oncle, ajoutant que cet illuftre Défunt m'avoit défigné pour être l'Éditeur & le Continuateur de fes Œuvres pofthumes, notamment d'un Ouvrage intitulé la DRAMATHURGIE GÉNÉRALE , &c. *Voyez ci-devant.*

Cette tendre Niéce fut frappée de cette mort , quoiqu'attendue. Je dois faire connoître la vérité au Public , notre maître & juge en tout ; ainfi je lui dirai que Madame *le Maire* avoit toujours offert à fon Oncle les fecours de finance dont il paroiffoit avoir befoin , étant peu avantagé de la fortune ; jufques-là qu'elle lui avoit propofé de le loger chez elle. Mais le Défunt , fans doute par un principe auffi de générofité , la remercia , & ne voulut jamais accepter fes offres obligeantes , ou plutôt le devoir naturel d'une bonne parente.

M. *Parfaict* , Homme de Lettres & ancien Gentilhomme , avoit obtenu du Roi , par le canal de Madame la Marquife *de Pompadour* , Protectrice des Arts & des Lettres , une penfion de 1200 livres fur le Mercure. Elle vient de vaquer par fa mort , & doit être partagée par égale portion entre deux Gens de Lettres ; mais j'apprends en ce moment que le Libraire en follicite la fuppreffion , fous prétexte que ce Journal a cent Soufcripteurs de moins. Néanmoins on fe flatte que le Gouvernement n'aura point d'égard à cette requête ou demande indifcrette , & qui tend à diminuer les bienfaits de Sa

Majefté fur les Gens de Lettres , que l'on fait être communément peu avantagés de la fortune. Je le répete , 1200 livres peuvent faire le bonheur de deux ou trois Poëtes : au refte , le Miniftre prononcera. Je reviens à mon objet.

Le fcellé a donc été levé hier ... Juillet. Madame *le Maire* , fa Niéce , m'a remis en main tous les précieux manufcrits de fon Oncle , qui ne font point en ordre ; ce font des cartes enfilées dans un lacet, fur lefquelles font écrits les noms & les titres des Piéces Dramatiques Françoifes, Italiennes , Efpagnoles , Portugaifes , Ruffes , Danoifes , &c. &c. par ordre alphabétique, il eft vrai.

Il eft à remarquer qu'on y lit fur quelques-unes des renvois marqués par *une* , *deux* ou *trois* étoiles ; mais on ignore pourquoi. J'avouerai avec ma franchife ordinaire , que fi je ne me fens point affez fort pour entreprendre , revoir , corriger , & continuer cet Ouvrage , (quoique M. *Parfaict* m'aye beaucoup parlé , & pour ainfi dire expliqué fon plan ; mais fon plan étoit dans fa tête , & l'on ne peut deviner toutes les idées d'un Auteur , fur-tout d'un Auteur auffi profond , auffi verfé que M. *Parfaict* dans le genre Dramatique , & pour nous fervir de fon terme expreffif, dans la *Dramathurgie générale* ,) je prierai quelqu'un de mes Confreres de vouloir bien coopérer à ce *Dictionnaire univerfel* qui manque à la République des Lettres & au Monde littéraire : c'eft un travail de 24 ans.

En attendant , voici une Diatribe contre les Comédiens , que nous avons trouvé dans ces papiers mal en ordre , & je la donne telle qu'elle eft , fans changemens aucuns.

IL EST TEMS DE PARLER.

A Toutes les vexations des Comédiens envers les Gens de Lettres, je n'ai dit mot. Au tyrannique empire, au despote injurieux que les *Histrions* exercent contre les successeurs des *Corneille* ou des *Moliere*, je n'ai dit mot. Au tort réel que ces *Messieurs* & ces *Dames* ont osé faire souffrir à nos Sophocles, Euripides, Plautes & Térences Français, je n'ai dit mot. Mais pour ne rien dire, je n'en pensois pas moins. Or comme je pensois plusieurs choses, de crainte de les oublier, je les couchois sur le papier. Les ayant couché sur le papier, il auroit fallu les faire imprimer. Les ayant fait imprimer, il auroit fallu les publier: alors mes observations auroient eu peu de crédit dans le Public, qui aimoit assez les Comédiens (1). Mais aujourd'hui que leur insolence est à son comble, que leur arrogance est au suprême dégré, que leur impudence est montée au dernier période, je me suis dit à moi-même (tous bas encore) *il est tems de parler*. Or comme *il est tems de parler*, que j'ai laissé les autres parler, (& parler haut) j'ai voulu parler, & je parle.

Néanmoins comme je crains de mal parler, je me servirai souvent des expressions des autres ; c'est-à-dire, je ne ferai aucune difficulté de transcrire des lignes, des phrases, des pages même de nos Héros de la Littérature, de nos Défenseurs de l'Art Dramatique, de nos Athletes intrépides du tripot Comique, qui sont, sans les nommer, MM. *Linguet, Palissot, Mercier; Kerlon*, & Chevalier *du Coudray*. Je vais donc parler, il en est tems, &

---

(1) Ici se trouvent des épithètes des plus humiliantes, que nous avons supprimées par ménagement.

Je parle auſſi ; mais je parle au nom de la République des Lettres. Ce n'eſt point ma cauſe que je vais
plaider, c'eſt celle des Poëtes Dramatiques.

Un ſecond Théâtre Français dans la Capitale de
la France , où il y en a eu juſqu'à ſept à la fois,
(Voyez mon *Hiſtoire des Théâtres.*) étoit le vœu
général : c'étoit la demande , non - ſeulement des
Gens de Lettres , mais encore des Gens du Monde.
Les Écrits ſans nombre pour prouver la néceſſité de
ce Théâtre honorable à la Nation , utile pour les
mœurs, inondoient & la Ville & la Cour. M. le
Chevalier *du Coudray* , (il m'a permis de le nommer) fut le premier qui propoſa l'établiſſement de
la Troupe de MONSIEUR , Frere du Roi. Il préſenta
même un Mémoire au Conſeil de S. A. R. , & M.
le Duc *de Laval,* premier Gentilhomme de la Cham-
bre du Prince , lui fit réponſe par écrit & de vive
voix , que ce n'étoit point l'intention de MONSIEUR.

Quelque tems après M. *Cailhava* fit paroître ſa
brochure , intitulée *Cauſes de la décadence du Théâtre , & des moyens de le faire refleurir;* ce qui en-
gagea M. le Chevalier *du Coudray* à donner la ſien-
ne , qui parut ſous le titre de *Lettre à Madame la
Comteſſe* DE TURPIN (1). Rapportons ce que M. *de
Kerlon* en a dit alors dans ſes Affiches de Province
du 5 & 12 Décembre de l'année 1760.

"

„

M. *Linguet* en a porté le jugement dans ſon Journal de Politique & de Littérature , N°.... mois de
Novembre , année 1774.

„

„

____

(1) J'ai grand ſoin de tranſcrire le Manuſcrit tel qu'il eſt ,
j'en montrerai l'original aux incrédules : j'affecte de laiſſer
les lacunes.

Je tâche d'obferver, autant que je puis, l'ordre chronologique, & cela à caufe de l'*Hiftoire du Théâtre Français*. Au commencement de 1775, un Homme de Lettres eftimable, Auteur *du Roi & du Miniftre*, ou *Henri IV. & Sully*, Drame en 4 Actes, en Profe, difoit à la tête de cet Ouvrage dans fon Avertiffement. « Un Public bien intentionné qui
» aime à encourager les talens, regrettera peut-être
» de ne point voir repréfenter cette Piéce, d'autant
» plus que c'eft l'hiftoire du jour. Je lui réponds
» qu'il ignore, ou qu'il veut bien ignorer, que les
» avenues du Théâtre, bien loin d'être bordées d'o-
» rangers, de citronniers & d'arbres odoriférans,
» ne font garnies que de ronces, épines & feuilles
» de houx. L'Homme de Lettres effuye mille défa-
» grémens, dont le refus de fon Ouvrage eft le
» moindre : ce qui décourage un galant homme fur
» le chemin du Temple de Thalie.

» Je le dis hautement, le Théâtre eft perdu ; les
» Comédiens ne veulent point faire de frais de mé-
» moire, ils s'en tiennent à leur ancien fonds, & fe
» contentent d'avoir douze mille livres de rente cha-
» cun. Un Hiftrion jouir de quatre mille écus ! O
» tems ! ô mœurs ! ô *Sully* ! J'ofe donc le premier
» élever la voix, (& je ne fuis que l'écho du Public)
» pour arrêter cet abus infâme, pour réveiller la pa-
» reffe des Acteurs. Pour avoir des nouveautés au
» Comique, au Tragique, il faut un fecond Théâ-
» tre dans notre Capitale.

» MONSIEUR, Frere du Roi, ajoute-t-il, peut
» faire cet heureux changement ; il en a le droit, &
» je fupplie ici les perfonnes qui l'entourent, de
» fuggérer à S. A. R. cette bonne intention. On fe
» fouvient encore que notre illuftre *Moliere* amena
» fa Troupe de Lyon, pour l'incorporer dans celle
» de MONSIEUR, Frere unique de LOUIS XIV. »

Voici comme M. *Kerlon*, en rendant compte de cet Ouvrage, s'exprimoit dans la Feuille 19°. 1755.

« L'événement n'en pourroit tourner qu'à l'in-
» térêt du public, s'il opéroit, suivant tous les
» vœux, l'établissement d'une *seconde Troupe*, seul
» moyen de faire éclore les talens du Théâtre, d'en-
» courager les Auteurs, & de rendre les Comé-
» diens à la modestie de leur état. » Disons maintenant quelque chose de nous, il est tems de parler.

J'ose avancer à la barbe des Athéniens, que *Corneille* ni *Moliere* ne pourroient faire de nos jours un
si grand nombre de Piéces, vû la lenteur des *Histrions*, & leur négligence à jouer les nouveautés;
& je le prouve, *car il est tems de parler.*

Ces *Messieurs* & ces *Dames* ne jouent que huit
Piéces nouvelles par an, soit tragiques, soit comiques; tandis qu'ils pourroient en donner vingt-quatre; ils doivent même cette déférence, cette sou-
mission aux Auteurs qui les font vivre, & au Public
qui les soudoye. Continuons. A huit Piéces par année, les 53 qui sont inscrites sur le noir Tableau
du Foyer, ne pourront être jouées que dans *six ans
& demi*, (le calcul est aisé à faire, huit Piéces par
an.) Or dans six ans & demi il arrive bien des choses, sans compter le chapitre des accidens. Les événemens ordinaires, les aventures passées, les changemens de modes, les bons mots, les vaudevilles,
& pour dernier trait enfin, la mort des Auteurs. Ce
que j'avance là malheureusement est un fait. MM.
de *Belloi* & *Colardeau* ont été les déplorables victi-
mes du tripot comique. (*Les pleurs inondent mon
visage.*) Ce dernier a même encore *ses Perfidies à la
mode*, Comédie cinq Actes en vers, qui doivent
être jouées…. quand…. Dieu seul le sait; à son
rang, c'est-à-dire dans quelques triples d'années.
Alors si nous avons le malheur encore de perdre un
de ces Poëtes, son ombre en descendant aux Champs
Élisées pourra apprendre à l'illustre Auteur de *Ca-
liste* & d'*Astarbé*, que sa Comédie se joue enfin;
mais ce ne pourra être qu'en 1779, encore… encore…

L'établissement du second Théâtre Français ne se faisant pas, quelques Poëtes Dramatiques, las d'attendre cinq à six ans, firent jouer leurs Piéces sur les Théâtres de Province ; entr'autres M. *Sauvigny* à Bordeaux, où l'on repréfenta *Gabrielle d'Estrees*, Tragédie en 5 Actes, en vers ; & M. *** à Rouen, où l'on donna *le Siége de Rouen*, Tragédie en cinq Actes, en vers. A ce sujet le judicieux Auteur du Journal de Politique & de Littérature, fit cette réflexion. " Si une fois les Troupes de Province se » forment, & que les procédés de celle de Paris » continuent de révolter les Gens de Lettres, on ne » voit pas pourquoi ceux-ci ne rameneroient pas la » méthode ancienne de faire jouer leurs Piéces sur » les Théâtres des grandes Villes; ils y feroient jugés » plus équitablement peut-être qu'à Paris.

» Ils auroient moins de cabales & de dégoûts à » redouter ; & l'intérêt des Comédiens de la Capi- » tale les forceroit bientôt à folliciter auprès des » Auteurs, la permission de jouer les Piéces jugées » vraiment bonnes dans cette espece d'essai.

» Nous sommes perfuadés que Lyon, Marseille, » Bordeaux, Rouen, fourniroient dès-à-présent des » Parterres très-éclairés, & peut-être des Acteurs » très-capables de donner aux premieres Représen- » tations l'éclat qui peut en faire fortir les beautés. » N°. 20. année 1775. »

Je n'en veux point à ces *Messieurs* ni à ces *Dames* ; j'aime assez les Acteurs, plus encore les Actrices. J'honore les talens, mais je ne puis souffrir qu'ils foient les juges, ou plutôt les tyrans des Auteurs. Je n'ai rien eu à démêler avec eux, Dieumerci ; ce n'est donc point par vengeance fecrette que je les attaque, c'est à cause du tort que leur domination fait à l'Art Dramatique : quoiqu'à bien confidérer, pourquoi craindre les décrets d'un aréopage qui a refufé *Mérope*, qu'on a obligé de recevoir *la Métromanie* ? Bien loin de s'en fâcher, il faudroit en rire, (à mon avis, du moins sauf un meilleur.) Mais le tripot Comique existe, il s'est arrogé le droit d'accepter ou de refuser les Piéces, cela suffit pour le combattre. Cette affaire ne me regarde pas, il est vrai, mais je vois les intérêts de l'Art, & il est permis, je pense, à tout galant homme, surtout à un Amateur de Spectacles, de les soutenir, & même de les défendre envers & contre tous, & l'on ne peut que lui en savoir bon gré. Parlons des Lectures, puisqu'*il est tems de parler.*

Les Lectures sont très-difficiles à obtenir, dit-on, car je n'en sais rien par moi-même, n'ayant jamais eu la *Drammomanie;* mais je sais de bonne part qu'il y a quinze Piéces inscrites pour être lues; Samedi dernier le tripot Comique en a lû une; l'Auteur attendoit depuis trois mois. Ce nombre & ce tems établis, la derniere Lecture se fera dans *trois ans & demi.* Ajoutez *six ans & demi* pour être représentée, (tel qu'on l'a vu ci-devant,) total *dix ans.* Je ne dis mot des tracasseries, des pas & démarches qu'il faut faire, des mortifications qu'il faut essuyer, &c. Je renvoie mon Lecteur à l'excellent Mémoire de M. *François Neuf-Château,* pour M. *Lonvay de la Sauffaye,* contre *la Troupe des Comédiens.*

On l'a dit souvent, & on le répete tous les jours, entr'autres trois fameux Journalistes, (MM. *Linguet, Kerlon & Mercier,*) qu'il étoit ridicule, pour ne pas dire indécent, de voir les Histrions juges des Piéces que les Auteurs leur présentent. En effet, ce sont des gens, la plupart sans études, sans connoissances, sans esprit; & l'axiome reçu *ne mo dat quod non habet,* a lieu ici plus que jamais. Néanmoins le tripot Comique a le droit, quoique mal acquis, d'accepter ou de refuser les Drames; & l'Homme de Lettres ressemble à un Vassal de Fief qui va faire foi & hommage à son Seigneur suzerain. Quelle pitié ! Pour donc détruire ce funeste usage, cet odieux établissement, je propose un Tribunal composé de

huit

huit Gens de Lettres, qui auroient une réputation faite par trois fuccès au Théâtre, *quatre* dans le Tragique, *quatre* dans le comique, afin de juger les Poëmes que le génie a compofé. Je ne fuis point le premier qui aye penfé à cet établiffement, à Dieu ne plaife d'avoir cette gloriole qui en aye fait voir l'avantage. (Voy. *le Mimographe.*) Mais je prétends aujourd'hui en faire fentir la néceffité indifpenfable, le terme n'eft point trop fort ; je fuis fûr d'être approuvé de tout le monde, des partifans même de nos Comédiens. D'ailleurs, c'eft une idée que l'amour du bien public, l'avantage des Lettres, & la gloire des Auteurs m'ont fuggérée, & que je hafarde. Ce n'eft point fans exemple. Dans les beaux jours d'Athènes il y avoit cinq Magiftrats établis pour juger de la bonté des Piéces de Théâtre, & fi elles méritoient d'être repréfentées au Public. Il y en avoit autant chez les Romains ; & lorfque les Parties en attendoient le jugement, l'on difoit : *Stat in genuibus quinque judicum.*

Je le répéterai au Lecteur, que je ne fuis pour rien dans tout ceci, cette caufe n'eft pas la mienne ; mais je fouffre de voir des Hiftrions tyrans defpotes, juges fouverains des productions du génie. A-t-on jamais vu l'Horloger porter fon chef-d'œuvre de méchanifme, au Serrurier *groffier*, autrement dit, *Faifeur de Tourne-broches* : c'eft la force de la vérité qui m'arrache cette réflexion. Maintenant écoutons parler M. *Cailhava*, dans fon Ouvrage intitulé, *Caufe de la décadence du Théâtre, &c.* Après avoir démontré tous les rifques qu'il y a de charger un Comédien d'examiner votre Drame, pour favoir s'il eft digne d'être lû à l'affemblée générale, cet Auteur profond dit : " C'eft dans » fes mains, que votre fort eft remis ; il peut à fon » gré vous fermer ou vous ouvrir les premieres ave- » nues du Temple de Mémoire : refte à favoir s'il » eft affez éclairé pour juger de l'effet que la Piéce

» peut produire au Théâtre , fi elle eft dans le genre
» qu'il aime, &c. » Et plus bas *il ajoute*. " Vous
» êtes admis à la Lecture , vous la faites en trem-
» blant ; on vous juge , vous frémifſez ; on recueille
» les voix , une ſeule fait pancher la balance , la
» Piéce eft rejettée.... Vous avez beau dire , *ce ſont*
» *ſes propres paroles* , que rien n'eft plus ridicule
» que cette diverſité de ſentimens ſi oppoſés les uns
» aux autres. Vous avez beau faire voir combien il
» eft abſurde qu'un Ouvrage de génie , ſur lequel
» les Gens de l'Art peuvent à peine prononcer après
» l'avoir examiné à tête repoſée , ſoit condamné à
» l'oubli ſur une ſimple Lecture faite en l'air dans
» une aſſemblée tumultueuſe. Vous avez beau, &c.
» &c. &c. &c. &c. &c. »

Joignons encore à cela , car nous ne manquerons
point d'appui ni d'exemple ; joignons , dis-je, ce
que (feu M. *Freron* (1) , traçoit dans une de ſes
Feuilles , N°. 40. Année 1769. " Pour corriger cet
» abus , ne ſeroit-il pas poſſible que , parmi les Au-
» teurs les plus eftimés , on en choiſît quelques-uns
» connus par leur goût , leurs lumieres & leur hon-
» nêteté , à qui ſeroit confié l'examen des Ouvrages
» Dramatiques , & le droit de prononcer ſur leur
» refus ou leur acceptation. Ce Tribunal , ſans dou-
» te , auroit encore ſes inconvéniens , mais il en au-
» roit moins. Les Gens de Lettres alors ſeroient ju-
» gés par leurs pairs ; les avis ſeroient motivés ; on
» ne craindroit plus d'être humilié par un froid dé-
» dain , ou trompé par un enthouſiaſme aveugle ;
» les chûtes deviendroient moins fréquentes , les
» ſuccès plus honorables, & les Acteurs retourne-
» roient à leur place ; ils ne ſeroient que les *inter-*

---

(1) Célebre Critique que la mort vient d'enlever à la République des Lettres , au mois de Février 1775.

» *prêtes* du génie, dont ils font devenus les arbi-
» tres. »

Voilà comme s'exprimoit hautement ce vif parti-
fan des Comédiens, à qui ces *Messieurs* & ces *Dames* avoient accordé fes entrées. Voyons aussi la
façon de penfer de M. *Dorat*, qui, certes, ne paf-
fera pas pour être leur ennemi. Voici donc ce qu'on
lit dans fon Difcours préliminaire *des deux Reines*,
Drame en quatre actes, en profe, belle édition avec
gravures, 1769. « La lice Dramatique, *dit cet Au-*
» *teur*, eft fermée tant par le nombre des athletes
» qui s'y préfentent, que par la lenteur de ceux qui
» font faits pour les feconder. J'eftime fort les Co-
» médiens, je n'ai point à me plaindre d'eux, leur
» talent mérite toutes fortes d'égards; mais je ne
» conçois point leur politique. Ils ont une foule de
» Piéces nouvelles qui vieilliffent dans leurs archi-
» ves, & attendent pour éclorre le moment de leur
» commodité. Voilà, *ajoute M. Dorat*, vingt ou
» trente réputations qu'ils retardent impitoyable-
» ment; & ce font, en quelque forte, les fonds du
» public qu'ils retiennent avec dommage pour lui,
» & fans avantage pour eux. Ces délais inexpliqua-
» bles, & fur lefquels il eft bon de fixer l'attention
» du *Comité*, dégoûtent ceux qui écrivent pour le
» Théâtre, fatiguent l'émulation, tournent le tra-
» vail vers un autre objet. » Rien de mieux dit,
rien de plus vrai! Que de Nourriffons du Pinde fe
font trouvés dans le cas! « Moi-même, fi je puis
» me citer, *s'écrie M. le Chevalier du Coudray*, en
» entrant dans le monde je me fentois, ou du moins
» croyois me fentir, un goût décidé pour la compo-
» fition des Poëmes Dramatiques, une noble paffion
» pour le Théâtre; mais né, malheureufement pour
» moi, avec de la timidité, des fentimens, de l'ame,
» fans intrigues, fans cabale, d'ailleurs avec de la
» naiffance & un nom, je n'ai pû avoir ces viles
» complaifances, ces baffes flatteries que certains

» Auteurs femblent avoir pour ces *Meffieurs* & ces
» *Dames* ; par conféquent ma *noble paffion* s'eft
» éteinte, & mes talens ont été avortés : fans cela,
» peut-être aurois-je été loin dans la carriere drama-
» tique. » *Lettre à M. Paliffot.*

Quoique M. *le Chevalier du Coudray* femble traiter ce malheur légerement, on aura foin de lui dire
avec la plus grande impartialité, qu'il a tort, &
très-grand tort d'abandonner le Théâtre. Il a fait fes
preuves de talens dans l'Art Dramatique ; on peut
même en juger par les trois Piéces qui compofent le
premier volume de fon *Théâtre de Famille.* Qu'il
me permette une comparaifon, quoique toute comparaifon cloche, les premieres Comédies de *Moliere*
font-elles fes meilleures ? laiffoient-elles entrevoir
tout ce qu'elles ont été depuis ? Son talent ne s'eft-il
pas développé par dégré ? Enfin *le Fagotier* ou le
Médecin malgré lui, annonçoient-ils l'Auteur du
Mifanthrope & du *Tartuffe* ?

Revenons à notre objet, puifqu'*il eft tems de parler*, & difons que la conduite de ces *Meffieurs* &
ces *Dames* envers les Éleves du Parnaffe eft fi indé-
cente, qu'elle fouleve tous les efprits. Les Amateurs
du Théâtre, les plus zélés partifans des Comédiens,
dépofent contre leur defpotifme. Le cri eft général.
Pourquoi ne pas faire ceffer cet abus révoltant ? il
n'eft qu'un moyen, c'eft l'établiffement d'une fe-
conde Troupe, au Marais, au Temple, ou ailleurs.

F I N.

IL EST TEMS

DE

SE TAIRE.

J'AI parlé autrefois, & j'ai parlé véhémentement
fur la néceffité morale & phyfique d'un fecond
Théatre Français dans notre Capitale, & fur le
retour de notre ancien Opéra-Comique. Ma lettre
adreffée à Madame la Comteffe de Turpin, celle à
feu M. l'Abbé de Voifenon, de l'Académie Françaife, celle à M. Paliffot, l'Ombre de Colardeau
aux Champs Elifées, & plufieurs autres Ecrits po-
lémiques qui ont paru à différentes époques, &
dans lefquels mes idées étoient développées entiérement fur ces deux objets utiles, ont fait fenfa-
tion alors fur l'efprit du Public, qui femble avoir
adopté mes fentimens. Le Démofthene de notre
fiecle, je veux dire M. Linguet, a prononcé de
cette maniere dans fes Annales, N°. XV. » M.
» le Chevalier du Coudray eft un des Hommes
» de Lettres de nos jours qui a le plus fortement
» combattu pour l'établiffement du fecond Théa-
» tre Français à Paris; c'eft encore là l'objet de
» cette Brochure . . . . * «.

------

* La Lettre au Public fur la mort de MM. Crébillon,
Greffet & Parfait.

A ij

J'ai donc parlé alors, parce que c'étoit le tems de parler ; j'obferve en tout le précepte du Sage, qui dit expreffément : *Tempus eft loquendi, tempus eft tacendi.* En effet, je me tais aujourd'hui, parce qu'il eft tems de fe taire, parce qu'il paroît que les vœux du Public vont être accomplis par l'établiffement des deux objets utiles ci-deffus nommés. J'entre en matiere. Il ne s'agit point ici d'injurier les Comédiens, d'autant plus que des injures ne font pas des raifons ; je me pique d'être impartial ; ainfi j'eftime le Citoyen, & je vénere le talent ; mais je fiffle le mauvais Acteur. Voilà ma façon de penfer : que l'on me juge après, je me tairai, vu qu'il eft tems de fe taire.

Il y a long-tems que tout Paris foupire après un fecond Théatre Français. Les Ecrits fans nombre qui ont paru après les miens, en ont, ainfi que moi, prouvé l'utilité & la néceffité même. Et, politiquement parlant, j'ofe dire que le nombre des Spectacles actuels n'eft point fuffifant pour contenir la jeuneffe indocile, ni le fougueux Militaire, & qu'il peut arriver les accidens les plus triftes & les plus funeftes. Autre raifon politique d'établir encore deux Théatres nouveaux ; c'eft la fuppreffion du jeu de la BELLE, que la grande Police du Royaume a fagement faite l'année derniere, vu les inconvéniens fans nombre qui en provenoient ; favoir, la ruine totale de plufieurs Citoyens honnêtes, & la perte de quelques fortunes confidérables. On ne peut donc trop louer des vues fi faines & fi prudentes.

Je reviens à mon objet, & j'expofe, d'après les Faftes du Théatre, que, fous le Regne de Louis XIV, il y avoit huit Théatres exiftans à la fois :

en voïci les noms, tels que *Beauchamp* les rapporte : » le Théatre du Petit Bourbon, celui du
» Palais Royal, celui du Marais, celui de la Clo-
» che d'argent, celui de la Croix blanche, celui
» de la rue Guénégaud, l'Hôtel de Bourgogne,
» & l'ancien Théatre Italien «.

Alors le Public pouvoit choifir ; fon goût pour
les Spectacles n'étoit pas fi fort qu'à préfent ;
l'Art Dramatique n'étoit point parvenu à ce de-
gré éminent ; le génie n'enfantoit point autant de
Pieces. Il faut être jufte ; les Comédiens, malgré
tout le tort qu'ils peuvent avoir, n'ont point un
corps de fer ni des poumons d'acier pour apprendre & repréfenter le nombre prodigieux de Tragédies & de Comédies ; enfin Paris n'étoit pas fi confidérable de la moitié. Aujourd'hui, au contraire,
par la multitude des habitans de notre Capitale, les
différens Spectacles fe trouveroient tous remplis ;
loin de s'entre-nuire, ils fe porteroient l'un à l'autre du fecours, pour ne pas dire du profit : cela
feroit naître une douce émulation entre les Gens
de Lettres & les Acteurs ; car un établiffement
pareil n'eft pas moins à l'avantage de ces derniers.
En effet, fi les Auteurs étoient mieux récom-
penfés de leurs travaux & de leurs veilles, qui fouvent deviennent inutiles, les jeunes perfonnes de
l'un & de l'autre fexe, qui confacrent leurs talens
au Théatre, par la même raifon recueilleroient
tout le fruit de leurs peines : oui, c'eft un fait
conftant ; je le tiens de bonne part. Ces *Meffieurs*
& ces *Dames* exercent un empire abfolu, un pouvoir tyrannique fur les Débutans & les Dé-
butantes, & fur-tout ces dernieres. Ils
abufent, fans rougir, de leur jeuneffe & de

leur fanté, & de leur tems ; ils les reçoivent à l'effai, pendant un, deux ou trois ans, pour une penfion modique de mille à douze cents livres ; &, fous le vain efpoir d'être reçus, ils ont la cruauté, la barbarie de les furcharger d'emplois, & de les écrafer de rôles, & fouvent de les menacer de l'amende de 150 liv. portée par le réglement, fi ces Adeptes ne paffent les jours & les nuits à apprendre les rôles que ces *Meffieurs* & ces *Dames* leur auroient diftribués dédaigneufement & fans politeffe quelconque : ô tems ! ô mœurs ! quelle abominable menée ! Ainfi la furprife des Gens de Lettres doit ceffer, puifque le Sénat Comique traite auffi inhumainement fes Camarades. Voilà, fi je ne me trompe, un abus, & un grand abus à corriger encore. A propos d'abus, il y en a un autre qui fe gliffe dans le Public depuis quelque tems ; c'eft de vendre le double & le triple même les billets de Parterre & des Loges aux premieres repréfentations des Pieces, ou lors des débuts ; je n'en jette le tort que fur les Employés ou Gagiftes *. Je fuis impartial aujourd'hui.

Par l'établiffement de ce fecond Théatre Francais, dont la Troupe s'établira feulement fous le titre d'*Ecole Dramatique*, ces abus difparoîtront, le bon ordre régnera, & tout le monde fera content : autre avantage, les Auteurs Dramatiques n'attendront plus dix ans ** pour avoir les hon-

---

* Voyez ce que j'ai dit dans mes Opufcules, vol. in-8°. Prix, 3 liv.

** Ce n'eft pas la faute de ces *Meffieurs* & de ces *Dames* ; c'eft, comme je l'ai dit plus haut, le nombre prodigieux de Pieces que le Génie Dramatique enfante.

neurs de la Repréfentation, ni fix mois pour obtenir le quart-d'heure d'une fimple lecture (je n'exagere point). Les Spectateurs ne feront plus ennuyés de l'éternelle jouerie* d'anciennes Pieces : le hafard fera naître deux Pieces du même caractere, traitées par deux génies différens ; l'*Egoïfte* & l'*Egoïfme*, par exemple. Raifonnons : les perfonnes de l'un & de l'autre fexe, qui fe confacrent au Théatre (quoique douées de talens fupérieurs), ne peuvent parvenir aux Français, ou autres y ayant débuté, qui ont été reçus à l'effai pendant même plufieurs années, avec fuccès & applaudiffement du Public, fans pouvoir être admis fur le Tableau des Comédiens Ordinaires du Roi ; les Sujets de ces trois claffes pourront appeler au Public du prononcé injufte de ces *Meffieurs* & de ces *Dames*, qui font exactement les maîtres de recevoir ou de ne pas recevoir. Le Comité arrange & difpofe l'état, & leurs Maîtres fignent. O jeunes Eleves de Thalie ou de Melpomene ! vous pouvez crier à l'injuftice, à l'abomination ! Ceffez vos juftes plaintes ; bientôt vous ferez vengés par l'établiffement de cette *Ecole Dramatique*.

En effet, que d'excellens Sujéts renvoyés par jaloufie, par cabale, par intrigues ! Les uns étoient remplis de talens fupérieurs ; les autres montroient les plus grandes difpofitions ; mais il faut en citer des exemples, & les exemples ne manqueront pas malheureufement. Sans aller fouiller les anciens regiftres du Comique Aréopage, citons les

---

* Ceci eft la faute de ces *Meffieurs* & de ces *Dames* : il faut être jufte, & rendre à Céfar ce qui appartient à Céfar ; j'étais injufte autrefois.

injuſtices commiſes ſous nos yeux, depuis environ quatre à cinq ans.

La Demoiſelle Saint-Gervais a débuté, le 13 Octobre 1773, avec ſuccès, ſur-tout après le début de la Demoiſelle Raucourt. Cette Actrice annonçoit le germe du vrai talent : les Journaliſtes en parlerent avec éloge, entr'autres le Rédacteur du Mercure, en Novembre ſuivant ; voyez le prononcé . . . .

La Demoiſelle Vadé méritoit , ſans doute , quelque conſidération par les talens de feu ſon pere , non moins que par les ſiens. Elle a débuté avec ſuccès, & même avec applaudiſſemens ; mais ſon extrême jeuneſſe , jointe à ſa poitrine délicate, empêche cette Actrice de faire connoître au Public ce dont elle étoit capable. Au lieu d'aider, d'encourager ſon talent, ces *Meſſieurs* & ces *Dames* l'ont renvoyée : nouvelle preuve de la néceſſité de l'*Ecole Dramatique.*

Pourquoi les Demoiſelles *Conta, Deſpérier , Dugaſon , la Chaſſaigne* ; les ſieurs *Bourette, Florence, Courville, d'Orival,* ne viendroient-ils pas exercer leurs talens à l'Ecole Dramatique, & ſe rendre par - là plus dignes des ſuffrages & applaudiſſemens du Public, &c. &c. ?

Lorſqu'un Acteur ou Actrice aura fait une faute, on pourra les renvoyer à l'Ecole. Cette idée vient du Grand Homme que nous venons de perdre, c'eſt-à-dire, de M. de Voltaire.

Preuve encore de la néceſſité morale & phyſique de l'établiſſement de l'Ecole Dramatique : mes raiſons ſont ſolides, & mes raiſonnemens juſtes. Auſſi il eſt tems de ſe taire ſur cet article : je paſſe au Théatre Italien.

On ſait qu'en 1716, une Troupe de Comé-

diens Italiens vint s'établir dans notre Capitale,
aux frais de M. le Régent qui connoiſſoit les Pa-
riſiens. Ces Etrangers jouirent de tous les priviléges des Nationaux, & en jouiſſent encore. Ils
repréſenterent d'abord des Pieces toutes Italiennes, enſuite ſémi-Italiennes & ſémi-Françaiſes,
enfin toutes Françaiſes ; les Auteurs les plus diſ-
tingués y donnerent leurs Ouvrages. Tour-à-tour
nous avons vu les *Marivaux*, *Boiſſi*, *Autreau*,
Deliſle, *Sainte-Foix & Guelette* commencer leur
carriere Dramatique. Aujourd'hui nous n'avons
plus la ſatisfaction de voir repréſenter ces Comédies charmantes, depuis que les Ariettes ſont en
vogue & le Public ſe trouve privé de ce plaiſir.

. On ſait encore que l'Opéra-Comique fut réuni,
en 1761, à la Comédie Italienne, ou plutôt que
ceux-ci acheterent le privilége de chanter excluſi-
vement des Ariettes, par bail paſſé avec les Direc-
teurs de l'Opéra, pour le réunir à leur Spectacle.
Cette incorporation a produit deux grands maux :
le premier mal fut de ne plus voir repréſenter les
Comédies des Auteurs ci-devant nommés, & le ſecond, d'avoir fait perdre le goût & preſque l'idée
de nos anciens Airs, dits *Pont-neufs* ou Vaudevilles : je m'explique. Du tems que le Théatre
Italien exiſtoit ſous l'ancienne forme, on pouvoit
le regarder comme Théatre intermédiaire : en
effet, un Auteur dont la Piece avoit été refuſée
aux Français, donnoit cette même Piece à ceux-ci
qui la recevoient avec plaiſir, & elle étoit repré-
ſentée avec ſuccès. Ainſi en ont agi les *Marivaux*,
les *Boiſſi*, les *Sainte-Foix*, les *Deliſle*, les *Moiſy*
les *Autreau* & les *Guelette* *.

---

* Voyez la Correſpondance Dramatique, ou Annales

Sans ce fecond Théatre Français, fans ce Théatre intermédiaire, *Arlequin au Sérail*, *Arlequin Sauvage*, la *Nouvelle Ecole des Femmes* & *Timon le Mifanthrope* n'auroient jamais pu paroître fur la Scène, & le Public auroit été privé de quatre Chefs-d'œuvre en leur genre ; preuve nouvelle de la néceffité claire & évidente de l'*Ecole Dramatique*.

Ce Théatre intermédiaire que je propofe d'établir, ne fera aucun tort ni aux Français, ni aux Italiens : à Dieu ne plaife de nuire à qui que ce foit ! La Troupe Italienne confervera fon Répertoire ancien, qui eft immenfe & fort ingénieux ; j'ofe même avancer que toutes ces Pieces, furtout les Comédies épifodiques, appelleront le Public, & piqueront fa curiofité, vu le long efpace de tems qu'il y a qu'on ne les a repréfentées ; néanmoins je dois configner l'objection qui m'a été faite par M. de Heffe, Comédien dans toute l'étendue du terme : »Il faudroit auffi des Acteurs, » me dit-il, pour les jouer, & il n'y en a pas «. MM. *Préville* & *Molé*, Acteurs des Français, dont les noms feuls font l'éloge, foutiennent la même thefe par-tout, & je leur ai entendu dire le fait plufieurs fois dans le foyer. L'*Ecole Dramatique* formera des Sujets de l'un & de l'autre fexe, & entre dans les vues de cés trois grands Acteurs féparés de la foule, & dont les noms pafferont à la Poftérité la plus reculée.

Je tiens de bonne part qu'à la fin du Bail des Italiens avec l'Opéra, la nouvelle Régie fera re-

---

du Théatre Français & Italien, 2 vol. in-8°. Prix, 6 liv. broché.

vivré l'ancien Opéra-Comique que le Public re-
grette encore tous les jours. Le Parisien sur-tout,
gai & vif, n'a vu qu'avec peine s'éclipser ce
genre qui avoit pris naissance chez lui, pour
faire place aux Ariettes. Je suis persuadé que le
Public verra avec le plus grand plaisir, avec la
sensation la plus vive, cet établissement ressuscité;
& les Entrepreneurs de ce nouveau Spectacle (les
Eleves de l'Opéra) ne peuvent que réussir : ils mé-
ritent d'être secondés, par plusieurs raisons ; je ne
m'amuserai point à les détailler, je me contenterai
d'en citer une majeure ; après cela, je me tais,
parce que c'est le tems de se taire.

Alors le Français qui excelle dans l'art de tourner un couplet, produira aux yeux de sa Nation
ce qui lui a fait tant d'honneur autrefois, de l'avis
non-seulement de ses compatriotes, mais encore
des Etrangers. En effet, quel parti heureux la
Scene enjouée ne tirera-t-elle pas de nos anciens
Opéra-Comiques. Ils doivent vous plaire, ô
joyeux Parisien, d'autant plus que vous êtes le
pere de ce genre & du Vaudeville gai & malin,
qui fait l'ame de ce Spectacle! Je pourrois en dire
davantage, mais il est tems de se taire.

Ces deux établissemens me semblent encore,
si je ne me trompe, tendre aussi à l'avantage des
Lettres, au progrès de l'Art Dramatique,& au profit des personnes de l'un & de l'autre sexe qui se
destinent au Théatre, & dont les talens n'attendent que le moyen de se montrer au grand jour,
mais qui rougiraient de paraître sur les trétaux de
Nicolet & Léclufe, où regne l'indécence, qui ne
servent qu'à perpétuer le mauvais goût, le genre
obscène, & qui n'existent qu'à la honte des mœurs

& des lumieres du dix-huitieme fiecle ; mais il eſt tems de ſe taire.

On pourra peut-être m'objecter que le nombre multiplié de Spectacles à Paris, n'eſt point néceſſaire. Ma réponſe eſt ſimple : il y a pluſieurs jeux de paume & de noble billard ; pourquoi n'y auroit-il pas pluſieurs jeux Scéniques ? les Lettres & les mœurs en tireroient un grand avantage. Par ce moyen, on ne bornerait plus le génie, on ne retrécirait plus l'eſprit humain, l'induſtrie ne ſerait plus ſurchargée, & le Public jouirait de nouveaux plaiſirs. Pour démontrer que cette idée n'eſt point ſinguliere, qu'elle eſt juſte & raiſonnable, je finirai par mettre ſous les yeux de mon Lecteur les Edits concernant la création de pluſieurs Spectacles à Florence, en 1776.

» S. A. R. ayant conſidéré les divers & nom-
» breux Réglemens qui ont été faits juſqu'à ce
» jour au ſujet des quatre Théatres de cette ville ,
» & ayant vu que les priviléges ci-devant accordés
» aux Entrepreneurs de ces Spectacles, n'avoient
» abouti qu'à les rendre plus chers & plus *mauvais*,
» elle a réſolu d'abolir ces priviléges : en conſé-
» quence, à compter du 1 Décembre de cette
» année , chacun pourra élever des Théatres à
» ſon gré, & y repréſenter en toutes ſaiſons, & à
» ſes riſques, périls & fortunes, des Tragédies, Co-
» médies , Drames , & autres Pieces en proſe ou
» en vers , &c. &c....

» Pour éviter toute diſcuſſion au ſujet des dettes
» des Entrepreneurs, les membres qui doivent
» veiller à la recette , ſeront reſponſables de tout
» au cas de banqueroute, & obligés de payer
» toutes les dépenſes faites «.

J'ai parlé en faveur de l'*Ecole Dramatique* ,

parce qu'il étoit tems de parler ; je me tairai dé-
formais, parce qu'il eſt tems de ſe taire, ne voulant imiter les Sophiſtes du jour, qui parlent toujours & jamais ne ſe taiſent. J'ai fait voir l'utilité
de cet établiſſement, & l'avantage qu'en retire-
raient les Auteurs & les Acteurs mêmes ; maintenant c'eſt à nous à ſolliciter le Miniſtre de Paris,
pour obtenir la permiſſion. Pluſieurs Magiſ-
trats & Juriſconſultes, à qui j'ai communiqué
mon projet, ne doutent point de la réuſſite , en
s'y prenant comme il le faut & comme on le doit;
c'eſt de préſenter une Requête au Conſeil du Roi :
trop heureux d'avoir eu le premier cette idée pa-
triotique. Quant à moi , je me tais. Pourquoi
vous taire? Je me tais, parce qu'il eſt tems de ſe
taire.

De même que nous avons des Eleves pour
l'*Opéra*, de même nous aurons des Eleves pour
la *Comédie Françaiſe*; & je penſe que l'Art de
la Déclamation n'eſt pas moins utile que l'Art de
la Danſe & du Chant.

Pour faire réuſſir ce projet, on ne manquera
point de bons moyens : on en trouvera dans les
Mémoires imprimés de MM. *Mercier, Lonvay
& Paliſſot*; dans la Correſpondance Dramatique;
dans le Diſcours Préliminaire du Parnaſſe des
Dames, article *Théatre*; chez tous nos Journaliſtes, tant anciens que modernes , & dans
les Préfaces de pluſieurs Tragédies ou Comédies;
enfin dans différentes brochures à ce ſujet, &
ſur-tout à la tête du Théatre de famille. Si je
ne craignois de répéter ce qui eſt conſigné dans
mes Ouvrages, je dirois que ſans la concurrence, il
ne peut y avoir de perfection dans aucun Art ni
Métier, & qu'il faut diverſes perſonnes du même

état, talent ou profeſſion, que, par ce Théatre intermédiaire, les Auteurs Dramatiques feront mieux récompenſés de leurs peines & de leurs veilles, qui ſouvent ſont infructueuſes. C'eſt le moyen de voir paroître ſur la Scene cette foule innombrable de Tragédies & Comédies qui reſtent inſcrites ſur le Répertoire des Comédiens, expoſé dans le foyer : qu'en un mot, on n'attendra plus le tems du ſiége de Troye, pour avoir les honneurs de la repréſentation, &c. On ne doute pas que les Comédiens eux-mêmes ne ſoient les premiers à protéger un ſemblable Etabliſſement.

Mais il eſt tems de ſe taire, & il faut ſe taire ; mais avant de ſe taire, il faut faire obſerver que nos Souverains ont honoré les Ecrivains Dramatiques & de leur protection & de leur eſtime ; notamment le feu Roi, dans ſes Lettres-Patentes données à Compiegne, le 30 Juillet 1773 ; dans le préambule, S.M. dit expreſſément : que » la Comédie Françaiſe eſt devenue célebre par les Dra-
» mes qu'on y repréſente, & dont le but eſt au-
» tant de contribuer à la correction des mœurs
» & à la conſervation des Lettres, qu'à l'amuſe-
» ment de la Nation «.

F I N.